Gestalten
– den Zauber hin zur
friedvollen Nachhaltigkeit

Jochen Schleef

Gestalten
– den Zauber hin zur
friedvollen Nachhaltigkeit

Bibliografische Information der Deutschen Nationalbibliothek:

Die Deutsche Nationalbibliothek verzeichnet diese Publikation
in der Deutschen Nationalbibliografie; detaillierte bibliografische
Daten sind im Internet über https://portal.dnb.de/ abrufbar.

© 2020 Jochen Schleef
Satz, Umschlaggestaltung, Herstellung und Verlag:
BoD – Books on Demand, Norderstedt

ISBN: 978-3-7526-1285-1

Das Leben ist Veränderung.
Das globale *Überleben* ist ein permanentes,
friedvolles und nachhaltiges Gestalten.

In diesem dritten und letzten Büchlein dieser Serie möchte ich Sie nochmals inspirieren, mit Ihrer Kraft, Ihrem Mut, insbesondere aber mit viel Freude und dem Gefühl der Zufriedenheit weiterhin an der Gestaltung und Realisierung der Möglichkeit eines Überlebens aller mitzuarbeiten. Gestalten ist ein Akt der Zukunftsorientierung auf dem Weg zur Realität. Man mag dieses somit auch gerne als Fantasie oder Träumerei bezeichnen, aber bitte mit realistischem Hintergrund. Doménico Cieri Estrada schrieb: »Hol die Vergangenheit zurück, wenn du auf ihr aufbauen willst.« Träumen aus Erfahrungen gestalten und realisieren, darum geht es, wenn Mutter Teresa sagt: »Das Leben ist ein Traum, verwirkliche ihn.« Mit dieser Aufforderung spricht sie jeden persönlich an.

Nachfolgend verwende ich auch in diesem Büchlein Zitate namhafter Menschen mit der Absicht, diese im übertragenen Sinn wie Noten zu verstehen, um am Ende daraus eine harmonische und nachhaltige Melodie zu gestalten. Obwohl es mich freuen würde, wenn ich Sie vielleicht mit ein paar Passagen zum Nachdenken anrege, ist es mir wichtig, auch in diesem Büchlein darauf hinzuweisen, dass ich keinen Anspruch auf eine Allgemeingültigkeit des hier Gesagten erhebe. Diese ist nicht möglich, da ich nur ein paar Sichtweisen vorstelle, vielleicht teilweise ein wenig emotional, manchmal fragend, überwiegend aber möglichst argumentativ. Hingegen ist es mir sehr wichtig, mit einer absoluten Allgemeingültigkeit darzulegen, dass ein **jeder** mit und durch seine Einzigartigkeit eine ganz besondere Bedeutung in der und für die Gesellschaft hat.

Aus diesem Grund widme ich dieses kleine Büchlein einem jeden von Ihnen.

Ihr
Jochen Schleef

Jeder Mensch hat seinen wichtigen Platz

Unsere globalen Wunden sind offensichtlich. Die Corona-Krise, der noch katastrophalere Klimawandel, Kriegs- und Krisenregionen sowie Terror- und Flüchtlingsdramen beeinflussen unseren Alltag. Anmerken an dieser Stelle möchte ich, dass ich selbst nicht an eine perfekte, harmonische Welt auf Erden glaube. Diese gibt es nicht und kann es auch nicht geben. Hingegen bin ich der felsenfesten Überzeugung, dass all diese Krisen den Blickwinkel eines jeden verändern können, um mit anderen Einstellungen ein friedvolles, nachhaltiges und zufriedenes Leben zu ermöglichen. Hierfür erarbeitet sich die Jugend bereits einen bedeutsamen Einfluss.

Also: Wie sollen die Wunden verheilen? David Boris schrieb sinngemäß: »Wunden, die in Liebe heilen, hinterlassen wunderschöne Narben.« Nur, was ist Schönheit? Der Maler Angelo Carlotti formulierte es so: »Schönheit ist die Summe der Teile, bei deren Anordnung die Notwendigkeit entfällt, etwas hinzuzufügen, zu entfernen oder zu ändern.«

Diese Anordnung der Teile möchte ich nun nachfolgend auf uns übertragen. Dafür braucht es Fantasie. Wahrscheinlich der intelligenteste, klar in der Realität denkende Physiker Albert Einstein sagte hierzu: »Fantasie ist wichtiger als Wissen. Denn Wissen ist begrenzt. Fantasie aber umfasst die ganze Welt.«

Nun möchte ich Sie bitten, Ihre Werte und Normen einmal an die Seite zu legen. Sie sollen diese jedoch auf gar keinen Fall vergessen, denn diese verleihen Ihnen Stabilität. Daher wünsche ich mir, dass Sie genau jene im Folgenden Stück für Stück wieder hervorholen, vielleicht mit einer anderen Sichtweise, sodass Sie den großen Schatz, der in Ihnen ruht, noch besser zum Leuchten bringen können.

Jeder, der die ersten beiden Büchlein gelesen hat, weiß, spätestens jetzt wird es ein klein wenig religiös. Vielleicht aber ja ganz anders, als Sie vermuten.

Sicher kennen viele das Gefühl, man sei unbedeutend und große Veränderungen könnten nur die Großen bewirken. Dem gegenüberstellen möchte ich den Psalm 118:22 in Verbindung mit Matthäus 21:42,

in denen sinngemäß steht :

»Jesus sprach zu ihnen: Habt ihr nie gelesen in der Schrift: ‚Der Stein, den die Bauleute verworfen haben, der ist zum Eckstein geworden. Von dem HERRN ist das geschehen und es ist wunderbar vor unseren Augen.'« Die Bedeutung von Ecksteinen kennen wir. Sie sorgen in hohem Maße für die Stabilität eines Gebäudes. Übertragen wir nun das wunderbar in Schönheit, so darf man behaupten, dass jeder von uns ein in Form und Gestalt wunderschöner natürlicher Edelstein ist. Wir brauchen dies nur in uns erkennen, dieser Erkenntnis ihre eigentliche Bedeutung beimessen und uns dementsprechend verhalten. Sie merken, worauf ich hinauswill. Ich möchte Ihnen auf dem Zeichenbrett bildlich ein vom größten Architekten vor Urzeiten entworfenes und uns allen bekanntes Gebäude vorstellen, welches in der Umsetzung bereits begonnen hat, Gestalt anzunehmen. Dieses Gebäude ist ein runder Turm. Dieser besteht nur aus zusammengefügten Ecksteinen, bei denen es sich um spezielle, bunte, in ihrer Form und Gestaltung jeweils einzigartige Steine handelt. Und bitte glauben Sie mir: Der Architekt und Baumeister weiß sehr wohl, was er einem jeden Stein zutrauen kann, weshalb er jeden einzelnen entsprechend platziert hat. Wenn Sie jetzt noch einmal das Zitat von Carlotti lesen, so werden Sie schnell bemerken: Keiner ist zu viel, keiner zu wenig und jeder am richtigen Platz, wenn wir uns in unserer jeweiligen Individualität mit unserer guten Seite als sinnvoll eingeordnet verstehen. Jeder ist etwas Besonderes und besonders wichtig.

Zu unserer Beruhigung dürfen wir niemals vergessen: Auch dieser Turm hat ein Dach, einen behütenden Schirm, dessen Schirmherrschaft Geborgenheit verleiht.

Im Laufe der Zeit, und damit schreibe ich nichts Neues, wird es immer wieder Veränderungen geben. Steine, zu denen Sie vielleicht einen engen Kontakt hatten, bekommen, durch welche Umstände auch immer, einen neuen Platz zugeordnet. Auch Sie werden eines Tages, wenn es an der Zeit ist, Ihren Platz für einen oder mehrere andere räumen müssen. Dieses ist das Leben.

Und nun bitte nochmals im übertragenen Sinn. Wenn Sie sich nicht als genormten, gesellschaftspolitisch braunen, zerstörerischen Wurfstein sehen: Sie sind wichtig, ganz gleich, ob Sie ein großer oder kleiner Edelstein sind, und ist es nicht genug zu bewundern, wie tatkräftig schon an dem Turm der Menschlichkeit, des Überlebens gebaut worden ist? Zwingend erforderlich für den erfolgreichen Weiterbau sind wir alle, jeder Einzelne von uns.

Nun noch ein paar Worte zu den weiteren, unschlagbaren Vorteilen eines sinnbildlichen und realen runden Turmes. Aufgrund dieser Rundung bekommt jede Seite im Tages- und somit im Sonnenverlauf Licht. Die eine Seite mehr, die andere weniger, was je nach Platzierung so gewollt und sinnvoll ist. Wichtig ist, dass kein Stein immer nur im Schatten ist.

Ein weiterer und nicht zu unterschätzender Vorteil eines solchen Rundbaus ist, dass dieser gegen Stürme, Unwetter und zahlreiche andere Gefahren in einem sehr hohen Maß widerstandsfähig ist, wenn die Steine fest miteinander verbunden sind, dieser Verbund sehr gepflegt wird und als Grundvoraussetzung das Gebäude auf einem sicheren Fundament steht.

In meinem ersten Büchlein schrieb ich von den drei stabilen Säulen des Dreibeins, denn ein Dreibein wackelt nie. Dieses Konstrukt möchte ich nachfolgend näher beschreiben.

Die Menschlichkeit als Säule der Religion

Unser Handeln wird bestimmt durch unser Denken. Die Grundlage des Denkens ist die Fantasie. Die Fantasie wird beflügelt und geleitet durch Gefühle, Werte und Normen sowie die Religiosität eines jeden.

In meinem ersten Büchlein beschrieb ich unter anderem ein paar Sichtweisen des Glaubens, auch den an sich selbst. Im zweiten Büchlein ging es teilweise um dessen enormes Energiepotenzial. Jedoch mit dem Bekenntnis und dem friedvollen Umgang innerhalb und zwischen den Glaubensgemeinschaften hapert es offensichtlich sehr. Hierzu und zur Bedeutung des Glaubens für eine friedliche globale Zivilisation möchte ich Ihnen nachfolgend ein paar weitere Sichtweisen vorstellen. Jonathan Swift formulierte einst: »Wir haben Religion genug, um einander zu hassen, aber nicht genug, um einander zu lieben.«

Ich bin der Überzeugung, dass eines der größten Konfliktpotenziale in dem Verständnis und dem Umgang mit dem Monotheismus, also dem einzigen Gott liegt. Für meine weiteren Ausführungen möchte ich als Grundlage,

bitte nur im übertragenen Sinn, an den folgenden Bei-
spielen die Schwierigkeiten, die sich aus unterschiedlichen
monotheistischen Sichtweisen ergeben, vorstellen:

Beispiel 1: Die Evolution, ein Gott oder wer auch immer
erschuf Frau und Mann. Dies erscheint nicht nur sehr sinnvoll, sondern ist es auch. Beide stammen für gewöhnlich aus
zwei gänzlich unterschiedlichen Familien, keinen Kultu-
ren, wenn sie aus dem irrationalen Gefühl der Liebe heraus
mit friedlicher Absicht beschließen, ein Paar zu werden.
Die Aufgabe ist nun der respektvolle, behutsame Umgang
miteinander unter der Schirmherrschaft der Liebe. Beide
Partner sind eigenständige Persönlichkeiten und sollten
dies auch bleiben. Wer hat das so eingerichtet? Hat im
Normalfall die Frau oder der Mann alleine das Recht, über
die Liebe zu verfügen bzw. den Partner zu schädigen oder
ihn gar zu vernichten? Ich bin mir ganz sicher, dass unter
dem monotheistischen Gedanken ausschließlich die bunte
Vielfalt der eigenständigen Ausprägung eines jeden, vereint
unter dem Gut der Liebe, der Toleranz und der akzeptie-
renden Würdigung friedlicher Partner, gemeint ist.

Beispiel 2: Ist die folgende Beschreibung der Motivation
des friedlichen Engagements von Albert Pine nicht sehr
zutreffend? »Was wir für uns selbst tun, stirbt mit uns. Was
wir für andere tun und für die Welt, ist und bleibt unsterb-
lich.« Aber auch das Unsterbliche braucht eine Schirmherrschaft.

Übertragen wir dieses besondere »Wir-Engagement«, bitte nur beispielhaft, auf die hauptberuflich bzw. ehrenamtlich tätigen Gruppierungen der Ordnungshüterinnen und -hüter, der Sanitäterinnen und Sanitäter sowie der Feuerwehrfrauen und -männer. Ein jeder positioniert sich in der Wichtigkeit seiner Individualität mit seinen Fertigkeiten dort, wo er diese am besten einsetzen kann, aus überzeugter Berufung. Ein jeder besucht Lehrgänge und Schulungen freiwillig, denn er weiß, dies ist die Grundvoraussetzung für eine aktive Teilnahme an seiner Gruppe. Jeder Einzelne weiß auch, dass sein Dienst in und für die Gruppe insbesondere dem übergestellten Ziel des Schutzes und der Rettung bedrängter und in Not geratener Menschen unterstellt ist.

Angenommen, es kommt, was ich von ganzem Herzen niemandem wünsche, zu einem Unfall mit Feuer, Verletzten, Verkehrschaos und bereits die Schuld dafür suchenden Randalierern. Der Einsatz all der genannten Gruppen ist dann zwingend erforderlich. Wer hat die alleinige Kontrolle über den Einsatz? Sollten nicht alle den Anweisungen der Leitzentrale folgen? Ist ein absolut berechtigter „Wir Gedanke" einer Gruppe zum Wohle aller nicht als wichtiger Baustein des »Gesamt-Wir« anzusehen, für dessen hilfsbereiten Einsatz eine friedliche, offene Kommunikation zwingend erforderlich ist?

Mit eigener christlicher Verwurzelung, möchte ich nachfolgend, möglichst selbstkritisch, meine Sichtweise, ohne den geringsten Anspruch auf Allgemeingültigkeit, vorstellen.

Was bedeutet Religion? Laut »Kluges Etymologischem Wörterbuch« liegt der Ursprung des Wortes im lateinischen »religere«, der »gewissenhaften Sorgfalt in der Beobachtung von Vorzeichen und Vorschriften«. Und die Religionsausübung ist ja wohl die Ausrichtung danach. Ich selbst kann keineswegs von mir behaupten, die Entscheidungen in meinem Leben immer konform mit der Religion getroffen zu haben, erfuhr jedoch häufig eine deutliche Ermahnung oder Abmahnung bzw. deutete diese jedenfalls als solche.

Mit der Beobachtung und Deutung von Ereignissen haben wir Christen wohl unsere Probleme. Aufgefallen sind mir drei Typen, wobei sich wahrscheinlich jeder in jedem wiederfindet. Nachfolgend möchte ich jeden Typ mit der Option einer anderen Sichtweise auf diesen selbstkritisch vorstellen.

Typ1: Der klassische Zweifler
Ich glaube. Jedoch nicht an den Gott der Liebe, denn warum lässt er so viel Unheil zu?

Im Sinne dieses Typs Stellung beziehen möchte ich zur drohenden Umweltkatastrophe und der Flüchtlingsdramatik, beides in Bezug auf die aktuelle Corona-Krise. Stellen wir uns vor, ein genialer Ingenieur, nennen wir ihn Gott, hat einen Bus geplant und bauen lassen, der so groß ist, dass alle Menschen darin Platz finden. Nach Vollendung übergab er das Konstrukt in größtem Vertrauen seiner einzigartigen Menschheit mit der einzigen Auflage, sorgsam damit umzugehen. Die Möglichkeiten hierfür legte er aufgeteilt in jedem von uns fest. Er liebt die Menschen so sehr, dass er bei einer von ihm empfohlenen Reisegeschwindigkeit dieses Busses stets für ausreichenden Treibstoff und genügend Nahrung für alle Passagiere für die Reise durch die Zeit sicherstellte. Ein festes Reglement für den friedlichen und respektvollen Umgang der Fahrgäste untereinander lieferte er ebenfalls mit. Er versprach, nicht mehr unmittelbar strafend tätig zu werden, aber das Recht einer liebevollen Einmischung, wenn seine so sehr geliebte Menschheit sich selbst existenziell bedrohend über die Stränge schlüge, würde er sich niemals nehmen lassen.

Dass der Mensch häufig erst dann verstandesgemäß reagiert, wenn es bereits schmerzt (siehe das Beispiel mit der heißen Herdplatte in meinem ersten Büchlein), ist bekannt. Ist es nicht auch für die Menschheit schmerzhaft, mit ansehen zu müssen, wie ein kleiner Teil der Fahrgäste erst einmal eine Klassenaufteilung vornimmt. Dem entgegen stellen sich Menschen in den Dienst der Emanzipation und der Integration. Geleitet durch welche Kraft? Welcher Gott bleibt dabei untätig? Der der Forderung nach noch stärkeren Klassenaufteilungen oder der des sozialen Engagements?

Ist es nicht auch für die Menschheit schmerzhaft, mit ansehen zu müssen, wie ein kleiner, elitär gewordener Teil der Fahrgäste die in die unteren Klassen Abgeschobenen und existenziell Ausgebeuteten durch Mauern und/oder Waffengewalt an Zuflucht und Teilnahme bzw. am Überleben hindert? Dem entgegen stellen sich immer mehr Menschen in den Dienst der Nothilfe und Gefahrenbekämpfung, bis zur persönlichen Erschöpfung. Geleitet durch welche Kraft? Welcher Gott bleibt hier untätig: der der Forderung nach noch mehr Ungleichheit oder der des sozialen Engagements?

Ist es nicht auch für die Menschheit schmerzhaft, mit ansehen zu müssen, wie ein kleiner, elitär gewordener Teil die ohnehin weit überhöhte Reisegeschwindigkeit des Busses in ihrem Geschwindigkeitsrausch weiter beschleunigt, obwohl bekannt ist, dass der bereits mangels Pflege defekte Bus direkt auf einen Abgrund zusteuert und bei dieser Geschwindigkeit eine besonnene Änderung der Fahrtrichtung nicht möglich ist? Dem entgegen engagieren sich seit Jahrzehnten zahlreiche Menschen und zunehmend ganze Bevölkerungsschichten, um mit hohem Einsatz an das Bremspedal des Busses zu gelangen. Geleitet durch welche Kraft? Welcher Gott bleibt hier untätig: der des ungebremsten Absturzes oder der des nachhaltigen Engagements?

Und nun ließ der böse, untätige Gott, welchen es eigentlich ja nicht gibt, auch noch die Corona-Krise zu.

Betrachten wir diesen Virus doch einmal als Bremskeil, welcher in voller Fahrt vor den Antriebsrädern des Busses platziert wurde. Mit anderen Worten: Nichts hat wirklich geholfen, also war eine Vollbremsung nötig!

Was ist passiert? Zahlreiche Menschen starben. Gab es keinen anderen Weg? Aber welchen? Anders als bei den herkömmlichen Flüchtlings- und Klimakatastrophen fühlen sich, und sind es auch, alle Menschen der ersten Klasse bedroht. Gewinnt also die Forderung nach menschlicher

Gleichwertigkeit aller Klassen wieder an Bedeutung? Werden wir nicht unmissverständlich darauf aufmerksam gemacht, dass wir Mitmenschen noch schlechter behandeln als die Tiere, welche sie schlachten? Bekommen darüber hinaus Nahrung und Umwelt eine andere Wertigkeit? War es nicht längst an der Zeit, über Werte und Normen nachzudenken?

Welche Macht verleiht so vielen Menschen die Kraft, den Mitmenschen bis zur eigenen Erschöpfung zu dienen? Die uns überstellte Macht der Liebe gibt uns doch offensichtlich trotz unseres egoistischen Unvermögens durch die Vollbremsung immer noch die Freiheit und Gelegenheit, darüber nachzudenken, ob wir die Existenz bereits Notleidender bzw. die nachfolgender Generationen durch die bevorstehende Klimakatastrophe, durch Nuklearwaffen vernichten wollen oder ob wir gemeinschaftlich der aufgezeigten Fahrtrichtungsänderung dauerhaft mehr Unterstützung geben wollen. Diese Entscheidung treffen wir selbst. Welcher Gott bleibt untätig: der des egoistischen Untergangs oder der uns leitende und in jedem von uns verankerte Gott der Menschlichkeit?

Typ 2: Der oberflächliche Kirchgänger

Diesen Typus möchte ich sehr kurz und humorvoll mit einem Zitat von Albert Schweitzer abhandeln: »Wer glaubt, ein Christ zu sein, weil er die Kirche besucht, irrt sich. Man wird ja auch kein Auto, wenn man in die Garage geht.«

Typ 3: Der aus Überzeugung friedlich Handelnde

Dieser Typus gewinnt, wie ganz sicher jeder bemerkt hat, »Gott sei Dank« immer mehr an Bedeutung. Es sind offensichtlich jene Menschen, welche die friedvolle und zufriedenmachende Botschaft nicht nur verstanden, sondern verinnerlicht haben und danach mit einer immer wiederkehrenden Zufriedenheit handeln. Diese Menschen umgeben uns nicht nur, man kann sie anfassen und sie berühren uns. Nur woher beziehen diese Menschen ihren »Zaubertrank«? In der Offenbarung 21:6 wird es wie folgt beschrieben: »Gott spricht: Ich will dem Durstigen geben von der Quelle des lebendigen Wassers umsonst.« Umsonst heißt keinesfalls vergebens, ganz im Gegenteil, was diese Menschen ja offensichtlich offenbaren. Man muss sich nur auf den Weg zur Quelle machen. Mehr nicht. Haben nicht alle der Menschlichkeit Dienenden Zugang zu dieser Quelle?

Pressemitteilungen der Obrigkeiten beider christlicher Großkirchen beinhalten doch im Wesentlichen nur noch Kirchenaustritte und Priestermangel. Da der Zuspruch an freien christlichen Vereinigungen hoch und aus dem Keim des verantwortungsvollen Umgangs der Menschen untereinander und mit der Schöpfung ein vorzeigbarer Trieb geworden ist, stellt sich doch die Frage, warum diese Entwicklungen in ihrer Bedeutung zunehmend weniger den Großkirchen zugeschrieben werden.

Hat nicht das Zeitalter des gemeinsamen gemeinnützigen Aktivwerdens längst begonnen, jenes des selbstzerstörerischen Selbstmitleids abzulösen? Ist nicht der Mythos vom Geheimnis des Glaubens lange Vergangenheit und die Offenbarung nicht die Gegenwart?

Sind Frau und Mann nicht als gleichwertige Geschöpfe, auch in der Kirche, geschaffen?

Gilt das Recht auf eine liebe- und respektvolle zwischenmenschliche Beziehung nicht für alle?

Ist es nicht an der Zeit, eine noch deutlichere einheitliche Aussage, insbesondere zu den globalen Krisenthemen zu treffen und zu unterstützen?

Es ändert sich ja bereits etwas. Nur, ist das genug?

Unendlich dankbar bin ich dafür, dass so viele Menschen mit dem Gefühl der Zufriedenheit ihre Bedeutung für die Gesellschaft und sich selbst durch ihr Engagement erkannt und erfahren haben. Der Ansporn hierzu kann nur in der Religion der Menschlichkeit liegen, welche in individueller Form in jedem von uns verankert ist. Die Bedeutung der Weiterführung und weiteren Ausbreitung dieser Entwicklung auf die Gestaltung einer friedvollen und nachhaltigen Zukunft ist unermesslich.

Die Säule der Bildung

Warum soll bzw. muss ich so viel lernen? Das meiste brauche ich nie wieder! Ich komme doch auch mit dem, was ich weiß, durchs Leben. – Diese statische Sichtweise kennt wahrscheinlich jeder. Eine weitere Betrachtung dieser Sichtweise erachte ich keinesfalls als zielorientiert und möchte sie daher mit einem Zitat von Konfuzius beenden: »Dummheit ist nicht, wenig zu wissen, auch nicht wenig wissen wollen, Dummheit ist glauben, genug zu wissen.«

Dem gegenüber stehen dynamische Äußerungen wie zum Beispiel: Ich will auf keinen Fall so werden wie meine Eltern, meine Geschwister oder wie sonst irgendjemand. Und zunehmend doch: Ich will die Gesellschaft mit friedlichen Mitteln verändern. Dynamisch deshalb, weil dadurch offensichtlich der Wunsch oder das Bedürfnis geäußert wird, die eigene bzw. die gesellschaftliche Zukunft im Kleinen und/oder im Großen anders zu gestalten.

Kommen wir nun auf das Beispiel mit der Feuerwehr oder den Sanitätern, gleich ob Ehrenamt oder hauptberuflich, zurück. Mit dem Ziel vor Augen, sich erfolgreich zu engagieren, bedarf es Bildung und Schulungen auch in Fächern, welche einem vielleicht nicht so liegen. Die Teilnahme daran erfolgt freiwillig und meistens erfolgreich.

Der rasende Bus des Wirtschaftswachstums und des Luxuskonsums ist zum Stillstand gebracht worden. Das Leben der meisten Menschen geht trotzdem eingeschränkt, besonnen auf die Grundwerte, weiter. Warum? Doch wohl, weil so viele Menschen, gleich welchen Alters, erkannt haben, dass ein hohes mitmenschliches Engagement, gepaart mit dem Wissen eines jeden, andere am Leben halten kann und einen selbst *zufrieden* macht.

Dennoch, der Bus muss und wird sich wieder in Bewegung setzen. Hoffentlich nie mehr so unüberlegt schnell und in eine andere Richtung (auf die Inhalte der Begriffe Wohlstand und Reichtum gehe ich später noch ein). Aber damit es »anders wird als«, bedarf es in der Ausübung jeglicher Tätigkeit, vom Hilfsarbeiter bis zum Akademiker, je nach Veranlagung einer den Möglichkeiten entsprechenden guten Ausbildung. Wie beispielhaft anhand der Feuerwehrleute geschildert, kann ein zielorientiertes, den Neigungen entsprechendes diszipliniertes Lernen sogar Spaß machen. Aber auch hierfür bedarf es einer breit gefächerten Grundausbildung.

Und damit sind wir beim Thema Schule. Um eines gleich vorwegzunehmen, ich selbst war in meiner Schulzeit gewiss kein Musterschüler, in der Regel jedoch friedlich. Die Konfliktpotenziale haben sich im Laufe der Zeit deutlich erhöht, sicherlich mit verursacht durch das Aufeinandertreffen unterschiedlicher Herkunftskulturen. Hauptursächlich jedoch wohl auf Grund einer zunehmenden Respektlosigkeit und Gewaltbereitschaft. Aber haben Erziehungsberechtigte nicht die Pflicht, ihre schutzbefohlenen Kinder zu friedlichen Konfliktlösungen zu erziehen?

Welche Möglichkeiten haben Lehrerinnen und Lehrer heutzutage noch, ihre Schützlinge zu einem zielgerichteten, freiheitlich disziplinierten Lernen zu ermahnen? Stehen sie nicht zunehmend kurz vor einem Rechtsstreit mit den Erziehungsberechtigten? Und wer die allgemeine Vollkommenheit in der Lehrkraft sucht, möge diese doch bitte zunächst in seinem eigenen Spiegelbild finden. Wir alle sind Menschen. Und dem Menschen Lehrerin bzw. Lehrer darf man durchaus zutrauen, dass sie bzw. er unterscheiden kann, ob jemand nicht lernen möchte oder nicht lernen kann.

Die Zeiten und Herausforderungen haben sich geändert. Globale Krisen eröffnen nun eine andere Sichtweise auf das Lernen. Generell darf man sagen, dass die vielfältigen Lehren und Lebenserfahrungen in der Schulzeit jeden für immer begleiten. Andy Partridge formuliert das so: »Du magst die Schule zwar verlassen, aber sie verlässt dich nie.« Und dies gilt auch für die heutige Generation.

Als Bitte: In einem ersten Schritt demonstrieren überwiegend Kinder und Jugendliche multikulturell weltweit friedlich miteinander – *während der Schulzeit* und das geduldet – absolut berechtigt für Maßnahmen gegen den Klimawandel. Um solche Maßnahmen jedoch nachhaltig realisieren zu können, benötigen sie im zweiten Schritt drei grundlegende Instrumentarien: Bildung, Bildung und Bildung – im zwischenmenschlich-sozialen Umgang und in einem möglichst breit gefächerten Allgemeinwissen als Grundlage für eine spätere individuelle Fachbildung.

Vergleichen wir diese drei Schritte der Bildung doch einmal mit dem Bau von Schiffen, ein jedes individuell, orientiert am jeweiligen Grundtypen mit einer späteren Spezialausstattung. Die Stabilität aller Schiffe wird zunächst und dauerhaft durch die Spanten ermöglicht. In welcher Form auch immer. Dann kommen die Planken beziehungsweise die zum Rumpf gehörende Außenhaut, damit das Schiff schwimmen kann. In welcher Gestalt auch immer. Erst dann erfolgt die Spezial- beziehungsweise Sonderausstattung. In welcher Ausprägung auch immer. So kann es zunächst die Werft und später, nach ein paar Testfahrten zur Abschätzung der Funktionstüchtigkeit und der Belastungsgrenzen auch den Hafen verlassen. Mit einer solchen, individuellen Stabilität ist es spätestens dann möglich, im dritten Schritt selbst, fundiert, mit Besonnenheit, Willenskraft und Mut nachhaltig gesellschaftliche Strukturen zu beeinflussen und zu verändern. „Ein Schiff ist sicher, wenn es im Hafen liegt, aber dafür wurden Schiffe nicht gebaut" schrieb William Shedd.

Johann Wolfgang von Goethe beschrieb dies wie folgt: »Es ist nicht genug, zu wissen, man muss auch anwenden; es ist nicht genug, zu wollen, man muss auch tun.«

Die Säule der Gesellschaft

Für sehr nachdenkenswert halte ich zunächst einmal die Inhalte der beiden folgenden Zitate. Der griechische Philosoph Epikur, welcher über zweihundert Jahre vor Christus lebte, schrieb: »Wem genug zu wenig ist, dem ist nichts genug.« Wie und wohin hat sich unsere Gesellschaft bzw. Zivilisation entwickelt? Lao-Tse sagt: »Reich ist, wer weiß, dass er genug hat.« Welche Werte verfolgen wir mit welchen Normen? Mit anderen Worten: Mit welcher Sichtweise verfolgen wir welche Ziele mit welcher Nachhaltigkeit?

Die meisten politischen Monarchien wurden im Laufe der Geschichte, zumindest offiziell, durch Demokratien in zahlreichen Gestaltungsformen des Sozialismus oder des Kapitalismus abgelöst. Das wissen wir alle. Auch dass in der Philosophie des Gleichheitsgedankens des Sozialismus in der Realität angegliedert dem Kapitalismus einige »Superreiche« zu Lasten der Bevölkerung entstanden sind, ist uns bekannt. Bedrohlich wird ein nationaler und der internationale Frieden doch dadurch, dass einige Staatsoberhäupter nun in ihrem Größenwahn, jeder für sich die personifizierte, monotheistische Gottheit zu sein, auch ihren jeweiligen Machtanspruch zunehmend ausdehnen. Hinzukommend erheben Einzelne von ihnen bereits den Anspruch auf eine lebenslange Regentschaft. Auch dies ist bekannt. Nichts ist genug! Nur, was kommt dann?

Diese Sichtweise mag durchaus überzogen sein und kann mit Sicherheit keine Allgemeingültigkeit beanspruchen, sie birgt aber ein enormes, nicht kalkulierbares Gefahrenpotenzial für die Allgemeinheit in sich. Aus diesem Grund wächst mittlerweile eine mehr als keimende, andere Sichtweise. In dem Wort mittler*weile* steckt *Weile* und nicht Hast. Das bedeutet, dass die nachfolgend geschilderte Sichtweise bereits auf dem Weg ist, sich *nicht verweilend*, jedoch mit Besonnenheit zu etablieren.

Wenn jemand weiß, dass er genug hat, so soll dieses Wissen eine innere Zufriedenheit zum Ausdruck bringen und keinesfalls Resignation. Wenn jeder erkennt, dass er genügend Talente mitbekommen hat, um damit den ihm zugedachten Platz im Turm ausfüllen zu können, so kann das doch nur Ansporn sein, dies so zu akzeptieren, auf diese Talente aufzubauen, an und mit diesen zu reifen und somit tätig zu werden. Und JEDER meint jeden, gleich welchen Geschlechts, welcher Herkunft, welcher Einschränkungen oder welchen Alters. Ist es nicht unsere Aufgabe, mit *Genugtuung*, also genügend Potenzial tätig zu werden, um uns friedlich und nachhaltig weiterzuentwickeln?

Albert Einstein formulierte einst: »Es gäbe genug Geld, genug Arbeit, genug zu essen, wenn wir die Reichtümer der Welt richtig verteilen würden, statt uns zu Sklaven starrer Wirtschaftsdoktrinen und -traditionen zu machen.« Wie kommt er dazu, zu behaupten, dass wir Sklaven unseres doch so gut funktionierenden Systems sind?

Beispiel: Ich bekomme mein neues Auto, auf das ich

mich sehr gefreut habe. Nun bekommt mein Nachbar ebenfalls ein neues Auto, aber ein größeres. Meine Freude ist schlagartig futsch, ich strebe nach einem noch größeren.

Funktioniert nicht so oder so ähnlich unser Wohlstandsprinzip, gestärkt durch die angeeignete Überzeugung, mehr *verdient* zu haben? Macht uns der Drill nach mehr nicht zu Sklaven des Wohlstandsgedankens?

Um dieses Wohlstandsprinzip finanzieren zu können, bedarf es immer mehr Geld und natürlicher Ressourcen, welche in unserem eigenen Budget nicht vorhanden sind. Machen wir somit andere nicht zu Sklaven unseres Wohlstandsgedankens mit der Überzeugung, dass wir besser sind – doch haben wir es auch *verdient*?

Der wachsende Wohlstand, gepaart mit dem Status der Zivilisation einer Gesellschaft, soll sich ja durch den wachsenden Bildungsgrad bedingen. Bildung lässt nun angeblich keine Religiosität mehr zu, denn wir selbst wissen ja alles und wenn das Licht aus ist, geht auch kein neues an. Die Resultate sind offensichtlich. Lebe heute selbst so exklusiv wie möglich, denn ein Morgen übersteigt unseren hoch gebildeten geistigen Horizont. Kirchenaustritte (mit Sicherheit unterstützt durch interne Probleme) und ein Rückgang der Geburtenzahlen belegen das. Nur, machen wir uns so nicht zum Sklaven der Eingeschränktheit unseres eigenen geistigen und zeitlichen Horizonts? Lebt es sich nicht viel freier, wenn man glauben kann, da kommt noch was und es gibt eine bessere Welt? Möchte wirklich irgendjemand behaupten, dass, bitte nur beispielhaft, Albert Einstein und der Mediziner und Buchautor Eckart von Hirschhausen dumme und ungebildete Menschen waren bzw. sind?

Ermahnungen halfen nicht. Erst das dann folgende »Donnerwetter« hat offensichtlich dazu geführt, dass wir uns wieder auf unsere gesellschaftsverpflichtenden Grundwerte besinnen. Ein Wandel ist doch bereits in Gang. Fehlt es nicht nur noch an mehr individueller Unterstützung eines jeden?

Dietrich Bonhoeffer sagte: »Die Moral einer Gesellschaft zeigt sich in dem, was sie für ihre Kinder tut.« Kinder sind unsere Zukunft. Brauchen sie dann nicht ein friedliches und nachhaltiges Konzept, damit ihnen in Kooperation der Generationen auch eine Zukunft geschaffen werden kann?

Alles friedliche und nachhaltige Handeln braucht als Grundlage eine stabile, dauerhafte Motivation. Unterstellen wir doch einmal, dass es in jeder Religion für sich und andere friedliche Aspekte gibt, und fassen wir diese in ihren vielfältigen Ausgestaltungen zusammen. Lässt sich diese Schnittmenge nicht als ökumenische Religiosität bezeichnen?

Leistung muss honoriert werden. Das ist wohl unstrittig. Aber in welchen Grenzen? Jeder Mensch hat ein Recht auf eine menschenwürdige Grundversorgung. Darüber dürfte doch wohl kein Zweifel bestehen, oder?

Hierauf aufbauend ließe sich doch ein globales religiöses, marktwirtschaftliches und soziales Gesellschaftssystem aufbauen, in dem sich jede Kultur individuell einbringen kann. Sie merken, wir sind wieder bei einem »Drei-bein«. Aber ist das Verlangen hiernach nicht größer denn je? Angenommen, die Karosserie des Busses wäre unter der Schirmherrschaft von Frieden und Nachhaltigkeit gebaut worden und man ließe die Finger davon, den Motor immer weiter zu »frisieren« bzw. zu »tunen«, würde das dessen Lebensdauer nicht enorm heraufsetzen? Zumal, wie wir erfahren haben, die Karosserie und die Bremsanlagen der überhöhten Geschwindigkeit ohnehin nicht standhielten. Hätte nicht dann jeder ausreichend Platz und Zeit, sich individuell einzurichten und mit Freude und Zufriedenheit mitarbeiten zu können?

Wir sind doch schon auf dem Weg. Was noch fehlt, ist doch lediglich, dass noch mehr von dem »Zaubertrank« in den Tank gelangt, damit dieser in seiner Vielfältigkeit das Hauptantriebsgemisch wird. Es steht ja genügend davon kostenlos zur Verfügung.

Und der Frieden der Macht, dessen Liebe größer ist als all unsere Vernunft, bewahre unsere Herzen und Sinne in Güte und Gnade (in Anlehnung an Philipper 4:7). Zu dieser Macht und all jenen, welche durch sie große Wunder, im Kleinen wie im Großen, vollbracht haben und vollbringen, verbeuge ich mich mit stolzer Demut in tiefer Dankbarkeit.

NAMASTE